www.ingramcontent.com/pod-product-compliance
Lightning Source LLC
Chambersburg PA
CBHW042020110726
48006CB00004B/1167

© واحة الحكايات للنشر والتوزيع
الإمارات العربية المتحدة
واحة دبي للسليكون
Wahat Alhekayat publishing
and distribution
Dubai - UAE

UAE: 0097143336366
00971504599804
00971558236687
E: info@wahatalhekayat.com
متجر واحة الحكايات
www.wahatalhekayat.com
أكاديمية واحة الحكايات
مكتبة إلكترونية ومنصة تعليمية
www.wahatalhekayat.academy

أحب أخي
تأليف: صفاء عزمي
رسوم: ناتاليا

ISBN 9789948154709

أكاديمية واحة الحكايات

متجر واحة الحكايات

أُحِبُّ أخي

تأليف: صفاء عزمي

رسوم: ناتاليا

قَالَ أخي : عُلْبَةٌ جَمِيلَةٌ،
يُمْكِنُ أنْ أصْنَعَ مِنْهَا عَرَبَةً.

قُلْتُ: لا...لا...لا... العُلْبَةُ لي.

قالَ أخي : غِطاءٌ جَميلٌ،
يُمْكِنُ أنْ أصْنَعَ مِنْهُ عَجَلَاتٍ.

قُلْتُ: لا...لا... الغِطاءُ لي.

قَالَ أَخي : غِلافٌ جَميلٌ،
يُمْكِنُ أَنْ أُزَيِّنَ بِهِ العَرَبَةَ.

قُلْتُ : لا...لا... الغِلافُ لِي.

قَالَ أخي: شَرِيطٌ جَميلٌ، يُمْكِنُ أَنْ أُصْنَعَ مِنْهُ حَبْـلًا لِلْعَرَبَةِ.

قُلْتُ: لا... لا... لا...
الشَّريطُ لي.

قالَ أخي: عَرَبَةٌ جَميلَةٌ لِأُخْتي.

قُلْتُ: نَعَمْ... نَعَم... العَرَبَةُ لي.

أُحِبُّـكَ يا أخــي،
فَأَنْتَ دائِـمًا تُسْعِدُني .

<table>
<tr><td>1</td><td>

لا   لي   يا   أَنْ   بِهِ

مِنْ (مِنْهُ)   مِنْ (مِنْهَا)

</td></tr>
<tr><td>2</td><td>

قَالَ   أخي

</td></tr>
<tr><td>3</td><td>

قُلْتُ   نَعَمْ

أَنْتَ (فَأَنْتَ)   حَبْلَ (حَبْلاً)

أُحِبُّ (أُحِبُّكَ)

</td></tr>
<tr><td>4</td><td>

غِلافُ (الغِلافُ)

شَريطُ (الشَّريطُ)

أُختي (لِأُختي)

</td></tr>
</table>

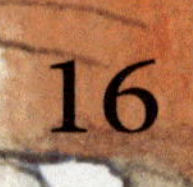

جَميـلَ   (جَميلَةٌ)

غِطَاءٌ   (الغِطَاءُ)

تُسْعِدُ   (تُسْعِدُني)

عُلْبَةُ   (الْعُلْبَةُ)

يُمْكِنُ أَصْنَعَ أُزَيِّنَ

عَرَبَةٌ   (الْعَرَبَةُ)

عَرَبَةٍ   (لِلْعَرَبَةِ)

5

عَجَلَاتٍ دائِـمًا

6

المرحلة الأولى

القصـص في المرحلـة الأولـى تتكـون مـن عـدد محـدد مـن الكلمـات البسيطـة في القراءة والنطـق, في القصـص ربـط مباشـر بـين الصـور والكلمـات، وفي كل صفحـة جملـة واحـدة، الكلمـات بسيطـة ومكـررة، والصـور واضحـة ومعبـرة، وفكـرة القصـة تتيح المشاركـة والنقـاش في جـو مـن السعـادة.

قبـل القـراءة: نقـرأ العنـوان ونتحـدث عـن صـورة الغـلاف، نفتـح الكتـاب، وننظـر إلى الصـور، ونثيـر عـدة ملاحظـات وتعليقـات، عـلى الصـور، والشخصيـات، وتعبيـرات الوجـه، والأمـاكن، والملابـس، مما يـولد لدى الطفـل الفضـول والاهتمـام بالقصـة.

أثنـاء القـراءة: بعـض الأطفـال يحـب أن يبـدأ القراءة، وبعضهـم يحـب الاستماع، وفي الحالتـين يجـب أن نشجـع الطفـل، فمـن المهـم أن يتولد لديـه الاهتمـام وحـب القـراءة.

في حالـة الاستماع للطفـل الـذي يحـب القـراءة بنفسـه: عندمـا يبـدأ الطفـل القـراءة، يجـب أن نسـاعده بالإشـارة و نطـق الحـرف الأول مـن الكلمـات الصعبة إذا احتـاج لذلك، حـتى لا يفـقد حمـاسته.

في حالـة القـراءة للطفـل الـذي يحـب الاستماع: أثنـاء قيامنـا بالقـراءة يجـب أن نشجـع الطفـل عـلى المشـاركة في قراءة الكلمـات البسيطـة، ونساعده بالإشـارة إلى الحـرف الأول، فهـذا يسـاعد عـلى جـذب نظـر الطفـل إلى الكلمـة ومن ثَـمَّ يحـاول قراءتها تدريجيـا، وفي كلتـا الحالتـين، فـإن الإشـارة إلى الصـورة في الوقـت المناسـب تسـاعد عـلى تأكيد المعنـى، وتخطـي صعوبـات النطـق والقـراءة.

بعـض القصـص فيهـا مجـال للغنـاء والتمثيـل، فيجـب أن نسـتغل هـذه الفرصـة فنسـتعمل النغمـات والإشـارات للاسـتمتاع والتكـرار. ويجـب أن لا ننسـى أن نشـجع الطفـل طـوال الوقـت.

بعـد إكمـال قـراءة قصـص المرحلـة الأولى : نعـود إلى المفـردات في نهايـة كل قصـة ونسـاعد الطفل عـلى قراءة المفـردات مستعينين ببعض الأساليـب السـابقة، وقـد قمـت بجمـع مفـردات القصـة وتقسـيمها إلى سـت مجموعـات تبعـا لعـدد الـحروف:

المجموعة 1 : كلمات من حرفين

المجموعة 2 : كلمات من ثلاثة أحرف منها حرف مدّ.

المجموعة 3 : كلمات من ثلاثة أحرف.

المجموعة 4 : كلمات من أربعة أحرف منها حرف مدّ.

المجموعة 5 : كلمات من أربعة أحرف.

المجموعة 6 : كلمات من خمسة أحرف أو أكثر.

في المجموعة السادسة نشير إلى الكلمة ونقرأها ثم نطلب من الصغير أن يشير ويردّد وراءنا .

ملاحظات للمعلم: قُمت باختيار بعض الكلمات ووضعتها بين قوسين مثال: (لعبَت)

ثم وضعت الكلمـة الأصليـة خـارج القوسـين مثـال: لعبَ (لعبَت)، مـع الاحتفـاظ بتشكيلها الأصـلي مثـال: حـماسٍ (بحـماسٍ) وقـد اخـترت هـذه الكلمـات كالتـالي:

1 - الكلـمات التـي تبـدأ بـ (ال) القمريـة، الكلـمات التي تنتهي بحرف مُنـوّن، والكلمـات التي تشـتمل عـلى (حـرف جـر، تـاء التأنيـث ، ضمـير . . . .) بـشرط ألّا يتغـير تشكيل هـذه الكلـمات بعـد تجريدها.

2 - الكلمات التي تبدأ بـ (ال) الشمسية.

ما عدا ذلك فقد وَضَعت الكلمات كما وردت في القصّة في المجموعة المناسبة تبعًا لعدد الحروف.

صفاء عزمي